LA RÉNOVATION FRANÇAISE

PROGRAMME AVANT-GARDE

PRÉCÉDÉ D'UNE LETTRE

AU

GÉNÉRAL BOULANGER

PRIX : 20 centimes

PARIS

BRÉMOND

2, rue Gaston de St-Paul

(Quai de Billy)

LA RÉNOVATION FRANÇAISE

PROGRAMME AVANT-GARDE

PRÉCÉDÉ D'UNE LETTRE

AU

GÉNÉRAL BOULANGER

PRIX : 20 centimes

PARIS

BRÉMOND

2, rue Gaston de St-Paul

(Quai de Billy)

Nota.

Le **Programme Avant-Garde** *est extrait du* **Nouvel ordre politique**, *basé sur le Plan du Livre Précurseur appliqué à la France et dont l'Edition unique, tirée à cent exemplaires numérotés, est maintenant épuisée.*

Quant au Programme universel, mentionné dans le Programme Avant-Garde, ce n'est qu'un développement du Nouvel ordre politique appliqué aux rapports internationaux entre les différentes nations du globe. Mais il éclaire la route que la France doit suivre en quittant le vieux monde, pour se diriger en pleine sécurité vers le monde nouveau.

Ce grand Programme de la Rénovation universelle, accompagné d'une carte explicative, sera mis sous presse et publiè aussitôt que les circonstances le permettront.

AU

GÉNÉRAL BOULANGER

Monsieur le Général,

Je viens à vous comme à celui qui s'est manifesté à la France pour présider à la reconstruction de l'Edifice national. Car, dans cette œuvre de rénovation et de salut, tout véritable patriote doit apporter son bulletin ou sa pierre au nouvel édifice.

Je vous apporte la mienne, avec cette lettre, sous la forme d'un Programme préliminaire pour les élections générales, qui peuvent venir à l'improviste et surprendre tout le monde. Et, en vérité, ce programme est comme la pierre de fondation, indispensable à la reconstruction générale, pour assurer l'avenir et la prospérité du pays.

D'ailleurs, le moment est venu de préciser les réformes primordiales qui doivent préluder à l'élection, inévitablement prochaine, de la nouvelle Constituante afin que le pays, instruit à l'avance, ne soit pas exposé de nouveau à de cruelles déceptions, comme il l'a été en 1848, en 1830 et, surtout, en 1789.

C'est pourquoi, Monsieur le Général, un pressent appel est adressé à votre éminente et patriotique initiative pour l'application du Programme de la Rénovation nationale, si hautement justifié par l'état d'impuissance et de stérilité du régime parlementaire, désormais condamné.

En effet, les circonstances actuelles, dont la gravité augmente à mesure qu'approche l'heure fatale des grandes résolutions, exigent une solution définitive et radicale à bref délai. Car ceux qui ont faim de pain, et ceux qui ont soif de justice ne peuvent plus attendre.

Encore une fois, Monsieur le Général, vous êtes désigné, aux yeux de tous, comme le porte-drapeau de la France nouvelle, et l'opinion publique vous regarde comme ayant une grande mission nationale à remplir au milieu de nous. Aucun doute ne doit donc subsister dans l'esprit des électeurs, ni dans le sentiment des populations à votre égard. Et il ne faut pas que ceux qui espèrent puissent vous dire, comme on disait au Messie, en Galilée : Etes-vous celui *qui doit venir, ou devons-nous en attendre un autre ?*

Et maintenant, Monsieur le Général, hissez votre oriflamme au grand mât du navire qui porte les destinées de la France, et voguez à pleines voiles dans les eaux, déjà houleuses, du grand océan électoral. Tous les cœurs généreux, tous les vrais patriotes vous accompagnent de leurs vœux les plus chaleureux et les plus sympathiques, et le relèvement du pays sera la récompense de ceux qui n'ont point désespéré de la Patrie !

Paris, 21 Novembre, 1888.

B. . .

LA RÉNOVATION FRANÇAISE

PROGRAMME AVANT-GARDE

RÉVISION DES POUVOIRS PUBLICS

La Révision des pouvoirs publics étant la base fondamentale de l'ordre nouveau, pour établir dèe maintenant cette grande réforme nationale indispensable à la bonne gestion des intérêts de tous, et mettre fin aux crises ministérielles qui troublent si souvent la marche régulière des affaires publiques, tous ceux qui veulent sincèrement le gouvernement du pays par le pays, l'ordre et la justice avec la liberté, monarchistes ou républicains, doivent réclamer, avant tout.

1° Une Assemblée unique, permanente, renouvelée par moitié, annuellement, à une époque régulière et déterminée ;

2° Une Commission exécutive de vingt - quatre représentants, nommée directement par l'Assemblée, et les ministres pris en dehors du parlement comme directeurs spéciaux de leurs propres ministères ;

3° Le droit pour les électeurs, de révoquer tout représentant, infidèle à son mandat, sans l'autorisation préalable du gouvernement.

La présidence de la République, aussi nécessaire au fonctionnement régulier de l'administration qu'au maintien normal de l'ordre établi, sera conservée dans son intégrité jusqu'à la constitution définitive du régime nouveau. Il y aura seulement cette différence, pour le premier magistrat de l'ordre actuel, qu'au lieu de présider le conseil des ministres, devenus simples administrateurs de leur département respectif, il présidera désormais la Commission exécutive dans les mêmes conditions. Et, comme auparavant, sa mission principale sera de faire les honneurs du pays, laissant à l'Assemblée le soin d'en administrer les intérêts.

LE SOU LIBÉRATEUR

Avec la révision des pouvoirs publics, la réforme la plus importante et la plus immédiatement nécessaire, c'est la création d'une Prime obligatoire d'assurance générale de protection et de secours qui, au lieu d'être circonscrite à quelques centaines ou quelques milliers d'individus, s'étendra à toute la France, indistinctement, sans une seule exception. Elle sera d'abord d'un centime par tête et par jour, payable par mois ou par semaine, et s'élèvera ensuite, graduellement, jusqu'à cinq centimes où elle restera fixée.

Cette Prime libératrice sera payée par tous également, depuis la naissance de l'individu jusqu'à son décès, et depuis le chef de l'Etat jusqu'au plus humble et au plus pauvre des citoyens, quels que soient son âge, son sexe ou sa condition. Elle sera ainsi la consécration du principe d'égalité, de solidarité et de justice entre tous les membres de la grande famille nationale, et le remède le plus efficace contre le chômage, la misère et les maladies. Car ces diverses calamités, qui engendrent presque toujours de grandes perturbations sociales, proviennent principalement de la mauvaise organisation de l'administration publique, des falsifications alimentaires, de l'insalubrité des habitations, et pardessus tout, de l'indifférence administrative envers les populations.

Cette assurance nationale contre le chômage et les incapacités de travail, produisant, dès la première année, plus de cent millions de francs, donnera un grand essor au développement de la prospérité publique, parce qu'elle permettra de créer des industries et des travaux divers en différentes localités, pour utiliser toutes forces improductives de la nation. La sécurité de l'existance donnée à ceux qu'on a laissés, jusqu'à ce jour, périr de misère et d'abandon, relèvera le moral des populations, en augmentant le bien-être général, et, avec la suppression effective de la mendicité, il n'y aura plus, dans toute l'étendue du territoire, un seul malade ou invalide sans soins et sans secours, ni un seul valide sans travail et sans pain.

*
* *

Il est inutile, à l'heure présente, d'ajouter d'autres revendications à celles qui précèdent, car, tant que ces réformes essentielles et fondamentales n'auront pas été obtenues, toutes les autres demeureront lettre morte ou ne pourront jamais être sérieusement appliquées. Et, d'ailleurs, dans l'état actuel d'incohérence et de corruption administratives, tout programme électoral, qui n'aurait pas pour base ces revendications primordiales, serait complètement insuffisant pour relever le pays et le mettre à la hauteur de ses nouvelles destinées.

Quand le pays sera délivré de l'obstacle parlementaire de l'ancien régime, et qu'il aura recouvré l'exercice permanent de sa souveraineté, les autres éformes viendront ensuite et s'accompliront successivement, comme d'elles-mêmes, à mesure que la nation en manifestera la volonté à ses représentants.

Appel au Suffrage National

AU PEUPLE FRANÇAIS

Le programme qui précède, limité aux réformes primordiales de l'administration supérieure, comme simple avant-garde du Programme universel, qui déterminera toutes les grandes lignes de la rénovation générale, s'adresse non seulement à ceux qui sont plus particulièrement assujettis à l'omnipotence oppressive des pouvoirs publics, mais à tous ceux qui ont à cœur le relèvement de la patrie et le bien-être social, c'est-à-dire au Peuple entier en qui résident, effectivement, l'avenir de la France et le salut du pays.

Et, en vérité, si le Peuple, inconscient de sa propre destinée, ne savait pas unir ses forces sur un point déterminé, commun à tous les travailleurs et à tous les citoyens; s'il était impuissant à manifester sa vitalité pour préparer son avènement et assurer son triomphe, quel avenir et quelle amélioration générale pourrait-on espérer? Ce serait, pour les déshérités, la perpétuité du désordre, de la tyrannie et de l'escla vage, et, pour la société tout entière, une décadence complète, irrémédiable.

Il est impossible au mandataire le mieux intentionné d'accomplir de lui-même aucune réforme sociale ou politique, s'il n'a l'appui de la majorité de ses collègues au sein de l'Assemblée. C'est donc aux électeurs à se concerter entre eux pour faire prévaloir la volonté du pays dans l'esprit de ses représentants, en leur précisant le mandat qu'ils doivent accomplir auprès du gouvernement, sous peine de révocation.

Celui qui agit seul se meut dans le vide, et sa voix se perd dans le désert. Comment pourrait-il déplacer les montagnes et remettre les pouvoirs publics dans le droit chemin?

Mais ce qui est impossible à un simple individu devient facile à l'union de tous, si tous prennent en mains l'instrument des grandes revendications nationales, si tous adoptent le **Programme avant-garde** comme un levier puissant, irrésistible, commun à toute la France.

Il est écrit, dans le même esprit, pour le salut des âmes: « Le royaume des cieux se prend par violence, et ce sont les violents qui l'emportent ».

Il en sera de même de la République nouvelle, fondée sur la justice. Ce n'est qu'avec résolution, énergie et persévérance qu'on en fera la conquête. Et, si l'armée doit aller au combat, nombreuse et résolue, pour triompher de l'ennemi, il faut aussi que les électeurs marchent aux urnes, avec ensemble et entendement, pour assurer la victoire.

Que le peuple, que tous les citoyens désireux de s'élever en dignité, en force et en bien-être dans le plein exercice de leur majorité civique, réunissent donc, dans ce but, sans se laisser dominer par l'esprit de parti, toutes leurs volontés en une seule volonté ; qu'ils n'aillent ni à droite ni à gauche, mais directement vers l'unique objet de leurs aspirations et de leur salut, et, subordonnant toutes les questions qui les divisent à cette question fondamentale, ils cimenteront leur union et leur liberté sur un roc inébranlable que nulle puissance humaine ne pourra plus détruire désormais.

Et le pays, délivré pour toujours, de l'écœurante politique, tortueuse et bourbeuse, qui grouille depuis tant d'années dans les régions malsaines du parlementarisme, où l'on parle pour ne rien dire et où l'on agit pour ne rien faire, verra se réaliser les grandes réformes politiques et sociales que la

Révolution de 89, troublée dans ses diverses manifestations, n'a fait qu'entrevoir, et par lesquelles s'accompliront en peu de temps, d'une manière effective, la rénovation complète de la France, la libération de ceux qu'opprime la force du glaive, et enfin la délivrance de tous ceux qui crient miséricorde dans les gouffres de l'iniquité du monde !

AUX CONSERVATEURS

Dans le même esprit d'union et de concorde nous sommes allé aux représentants les plus autorisés de la démocratie, comme nous venons encore aujourd'hui aux Conservateurs militants de bonne volonté, allant d'un camp à l'autre jusqu'au jour où l'Œuvre nouvelle aura enfin pénétré dans l'esprit public.

Jusqu'à présent, il est vrai, aucune initiative n'a encore été prise, ni d'un côté ni de l'autre, et la même indifférence règne dans les deux camps. Mais le moment n'est pas loin où une détermination virile deviendra inévitable, et ceux qui entreront les premiers dans l'action féconde n'auront qu'à se féliciter de leur résolution dans le présent et dans l'avenir.

Aujourd'hui, cependant, un homme, un Général animé d'un grand patriotisme, ayant compris la mission de la France, s'est levé, seul entre tous, salué par les acclamations du peuple à travers les clameurs, les vociférations et les injures de ses ennemis, jaloux des sympathies qu'il inspire aux populations, et ne reculant même pas devant les plus odieux attentats pour assouvir contre lui leur haine criminelle.

Celui-là s'élevant au-dessus des divisions politiques du parlementarisme, ne peut-être considéré comme radical, socialiste ou conservateur, ni même comme républicain ou monarchiste dans le sens étroit que l'esprit de parti donne à ces différentes dénominations, Il est plus et mieux que cela, parce qu'il résume en lui-même toutes les grandes aspirations patriotiques du pays, marchant à la conquête de la république nouvelle, celle que le monde n'a pas encore connue, la grande République des temps nouveaux.

Tous ceux qui aiment la France et qui ont du sang français dans les veines peuvent donc suivre, sans crainte, son drapeau et sa bannière, Et lors même qu'il voudrait déserter sa mission, faire ce que tant d'autres ont fait et font encore sous le régime actuel, en trahissant leur mandat, lui-même il ne le pourrait pas. Infidèle à sa mission il n'aurait plus de raison d'être, et les acclamations, qui ont salué son aurore, s'éteindraient sur l'heure sans qu'on s'aperçut qu'il a existé. Car l'idée nouvelle, plus terrible que le sphinx de l'antiquité, dévore ceux qui la méconnaissent et ceux qui ne la comprennent pas.

Mais celui qui a su réveiller le patriotisme des populations, fortifié par les acclamations du peuple et soutenu par la confiance de ceux qui mettent les intérêts du pays au-dessus des intérêts de leur parti, verra s'abaisser les barrières placées devant lui, et son succès sera d'autant plus grand qu'il aura eu plus d'ennemis à combattre et plus d'obstacles à vaincre.

Si le peuple, toujours déçu dans ses espérances les plus légitimes, cherche dans les moyens extrêmes l'amélioration de son état social, c'est qu'il a cette conviction justifiée, que ceux auxquels il a donné ses suffrages pour représenter ses intérêts n'ont jamais su qu'exploiter le pays à leur profit, au lieu de l'administrer dans l'intérêt de tous.

Les conservateurs intelligents, ayant cette même conviction à l'égard de ceux qui dirigent les affaires publiques, ont donc le plus grand intérêt à unir leurs efforts à ceux du peuple, en adoptant le même Programme libérateur qui sera pour eux, comme pour le pays tout entier, le véritable instrument de salut.

Et alors la France, redevenue grande et puissante par l'union de tous ses enfants, de ceux qui aiment l'ordre, la justice et la liberté, reprendra bientôt le rang qui lui est assigné parmi les nations, et elle étonnera le monde par l'éclat de son réveil.

Paris, le 15 Août 1888.

B . . .

LES DEUX ÉTENDARDS
DE LA
FRANCE NOUVELLE
ET
LA LÉGION HUMANITAIRE

Les emblêmes qui personnifient la nationalité d'un peuple doivent exprimer l'idée qui a présidé à l'organisation politique et sociale de ce peuple, et être le signe visible de ses institutions.

Dans la revendication de ses droits, le peuple français, plus juste et plus généreux que les divers partis qui s'arrogent le droit de le gouverner, parce qu'il a le sentiment d'une destinée supérieure, n'agit pas au nom d'une partie de la Société, mais au nom du pays, de la nation et de l'humanité tout entière. Les insignes de son triomphe doivent donc exprimer l'unité de ses aspirations, dans la guerre comme dans la paix, et être le symbole de sa mission universelle.

Selon ces principes, la France nouvelle aura deux drapeaux : le drapeau rouge et le drapeau bleu, l'étendard de la guerre et l'étendard de la paix. Le drapeau rouge ne sera arboré qu'en temps de guerre et de lutte armée. Sa hampe aura la forme d'une lance et sera surmontée d'une banderole bleue pour indiquer que la guerre, entreprise par une douloureuse nécessité, n'a d'autre but que le maintien ou le rétablissement de la paix. Ce drapeau n'étant déployé qu'en temps de guerre, sa vue imprimera dans l'esprit des populations un grand caractère d'énergie et d'unité, qui doublera les forces morales de la lutte et de la défense.

Le drapeau bleu, emblême du travail et de la paix, rappelant tout à la fois la blouse du travailleur et la sérénité du firmament, sera seul arboré, d'une manière permanente, en temps de paix. Il ne sera retiré qu'en temps de guerre nationale. Sa hampe aura la forme d'un flambeau et sera surmonté d'une banderole rouge, pour indiquer que la Nation, loin de se résigner à une fausse paix, par amour du repos, est toujours prête à verser son sang pour la cause de la justice et de l'humanité.

L'étendard de la paix aura pour emblême un soleil entouré de six étoiles principales, reliées entre elles par un cercle de vingt-quatre étoiles moins grandes, et entre lesquelles les premières seront placées en relief comme les larges dentelures d'une roue d'engrenage. Immédiatement au-dessus de cet emblême, il y aura une croix avec rayons, un peu plus grande que l'une des principales étoiles, et le tout se détachera en blanc, d'une manière uniforme, sur le fond azuré de l'étoffe, au milieu de l'étendard.

Cet emblème est le symbole de l'ordre nouveau qui règnera un jour sur tous les peuples de la terre : le soleil figure le centre du monde, la lumière de l'univers et le foyer rayonnant de l'esprit humain ; les six grandes étoiles représentent les six principales parties du monde, suivant la nouvelle division géographique du globe, et les vingt-quatre étoiles moins grandes, groupées en cercle autour du soleil, désignent les vingt-quatre provinces de la future confédération universelle. La croix, qui domine le tout, figure la rédemption des peuples et de l'humanité. Et ce symbole est l'expression glorifiée du plus grand des sacrifices qu'une nation puisse accomplir, celui de donner son sang et la vie de ses enfants pour le triomphe de la vérité et de la justice.

*
* *

Enfin, aux deux Etendards de la France nouvelle correspondront deux hymnes nationaux : l'hymne de la guerre et l'hymne de la paix. L'hymne de la guerre étant déjà consacré par la *Marseillaise*, aucun autre ne pourrait lui être substitué. Et quant à l'hymne de la paix, pour lequel on a toute latitude, il sera mis au concours jusqu'à ce qu'on ait trouvé celui dont les paroles et la musique exprimeront le mieux les sentiments de la nation.

DEVISE DE L'ORDRE NOUVEAU

L'ordre nouveau, mettant *l'Egalité* dans les institutions, aura pour devise, les trois mots suivants :

UNITÉ

LIBERTÉ ❋ ❋ ❋ FRATERNITÉ

Et ces trois mots seront, désormais, la Devise officielle placée en tête de tous les actes publics, parce qu'ils résument, ensemble, les conditions indispensables, qui doivent présider à l'organisation politique et administrative de la Rénovation nationale.

LA LÉGION HUMANITAIRE

L'ordre de la Légion d'honneur, tombé en discrédit par l'abus et le mauvais emploi qui en ont été faits, sera aboli et remplacé par un ordre légionnaire plus en harmonie avec les institutions nouvelles de la France. Ce nouvel ordre, désigné sous le nom de *Légion humanitaire,* sera institué pour mettre en relief non seulement les actions d'héroïsme et les talents supérieurs, mais aussi toute œuvre importante qui aura pour but l'amélioration morale et matérielle de l'existence du plus grand nombre. Car souvent il est plus difficile et plus méritoire d'accomplir, modestement et sans éclat, des œuvres qui exigent un labeur patient et une constance dans le bien toujours la même, qu'un grand acte de courage, dont le principal mérite est quelquefois dans le seul fait d'avoir saisi à point l'occasion qui s'est présentée pour l'exécuter.

En général, l'homme juste, qui a le cœur droit, fait le bien pour lui-même et trouve sa meilleure récompense dans la seule satisfaction du devoir accompli. Mais il est bon, cependant, de mettre en évidence, en les honorant publiquement, les actions, les vertus, les œuvres exceptionnelles de ceux qui sont dignes de cette distinction particulière, pour les citer en exemple à leurs concitoyens et stimuler leurs bonnes qualités en fortifiant leur courage. C'est dans ce but, principalement, que la *Légion humanitaire* sera instituée, comme une sanction nationale accordée aux mérites supérieurs.

L'insigne de cette Légion reproduira exactement celui de l'étendard de la paix, c'est-à-dire qu'il sera formé d'un soleil avec son cercle d'étoiles et la croix, à laquelle le ruban sera attaché. Pour les actes se rapportant aux choses de la guerre, ce ruban sera rouge avec un petit liseré bleu, et pour ceux de la paix il sera bleu avec un petit liseré rouge.

Ainsi l'élément civil et l'élément militaire se trouveront désormais confondus dans un même intérêt et marcheront ensemble dans un même esprit, sous l'étendard de la guerre comme sous l'étendard de la paix, suivant le cours des évènements.

LIGUE DES PATRIOTES

Pour être féconde et ne point s'agiter dans le vide, la Ligue des Patriotes doit être aussi une ligue de propagande électorale. Parce que, ayant le concours des pouvoirs publics, émanés de la souveraineté des électeurs, son action patriotique pourra pénétrer avec plus d'efficacité dans les masses profondes de la population. Et c'est dans le corps électoral que la Ligue trouvera sa force principale, en donnant au *Programme Avant-Garde* tonte l'extention nécessaire à l'orientation nouvelle du pays.

Car, s'il était possible, il faudrait que cet instrument de rénovation nationale puisse être mis entre les mains de tous les électeurs de France, avant les élections générales.

Et l'union étant faite entre tous les citoyens, on verra bien alors que la Nation, unie dans une même pensée, peut affronter avec assurance la coalition la plus formidable de ses ennemis et faire triompher, avec elle, la cause sainte du droit et de la justice.

ÉPILOGUE

1er Dimanche de l'Avent

Et maintenant, ceux qui ont l'oreille aux choses présentes et la vue des choses futures peuvent dire, dès ce jour, aux mandataires infidèles du pays : O vous, qui avez trahi les intérêts de la France et méconnu ses destinées, cramponnez-vous à vos bancs de législateurs comme le moribond se cramponne à la vie, et jetez un dernier regard autour de l'enceinte du Palais des Lois. Car ce palais, témoin de vos iniquités, vous ne le verrez plus !

Noël

25 Décembre 1888

1889

Paris — Imp. E. DOYEN 160, Faubourg St-Honoré

www.ingramcontent.com/pod-product-compliance
Ingram Content Group UK Ltd.
Pitfield, Milton Keynes, MK11 3LW, UK
UKHW020539230726
13925UKWH00006B/2375

9 782014 060881